LA LOI

SUR LES VICES REDHIBITOIRES

et l'élevage du Bétail.

—

Messieurs,

I. — Depuis longues années déjà, l'Association bretonne se préoccupe de la grave question de la réforme de la loi sur les vices rédhibitoires des animaux, surtout en ce qui concerne le commerce des chevaux et de l'encouragement à donner à cet élevage. Elle n'a fait que suivre l'exemple que lui donnent toutes les Sociétés agricoles de France.

Les fraudes qui se commettent à l'ombre de cette loi ont pris, depuis trente années surtout, un tel développement et si profondément inquiété les éleveurs de chevaux, qu'il ne faut jamais cesser de plaider, auprès des Pouvoirs publics, la cause si importante de cette réforme et la destruction de tous les obstacles qui peuvent entraver les progrès de l'élevage.

C'est là, Messieurs, un devoir auquel l'Association bretonne ne faillira pas, et il appartient à un Congrès agricole comme celui-ci de lui donner, à cet égard, le concours de son influence.

On reproche aux Sociétés agricoles, Messieurs, de faire reparaître souvent, dans les ordres du jour de leurs Congrès, des questions déjà débattues. On oublie, Messieurs, que ces assemblées d'initiative et de progrès sont renfermées dans un cercle d'évolution limité aux questions essentiellement relatives à l'agriculture et dont la solution est nécessaire à sa prospérité, et qu'aussi longtemps que la solution se fait attendre, aussi longtemps la question doit rester vivante dans les travaux d'un Congrès.

Quelle est, en effet, Messieurs, la raison d'être des Associations agricoles dont les Pouvoirs publics encouragent si patriotiquement les efforts sur tous les points de la France ?

C'est de vérifier et contrôler de près les pratiques culturales ; d'apprécier à leur juste valeur les expérimentations agricoles, si multiples et si diverses, et d'être, auprès du Gouvernement, les organes des besoins et des prières du monde rural. Elles constituent les phares, indispensables aujourd'hui, pour éclairer l'administration sur les décisions à prendre dans l'intérêt de la première industrie nationale, de l'agriculture.

Toute loi, Messieurs, régulièrement votée et promulguée, commande le respect à tous les citoyens. Mais, quand elle est mauvaise, quand son application ne produit que de mauvais fruits, il est du devoir de tout homme honnête d'en signaler les défauts et d'en demander la réformation ou l'abrogation. C'est ce que continuera de faire l'Association bretonne, pour la loi de 1838, sur les vices rédhibitoires, dans le but de protéger le cultivateur, tant qu'une solution ne sera pas obtenue.

II. — Ce cultivateur, Messieurs, est un industriel qui embrasse, dans son exploitation, des branches nombreuses de produits. C'est un industriel d'un genre spécial et différent du manufacturier qui, filateur, ne fait que transformer en *fil* les *cotons*, les *laines*, les *lins* que le cultivateur lui procure ; ou qui, tisseur, ne fait que traduire en *étoffes* élégantes le fil que le filateur lui a préparé. Ces derniers reçoivent chaque jour la rémunération de leur travail. En est-il ainsi du cultivateur ?

Non, Messieurs, il ne reçoit la rémunération de son travail qu'à des époques éloignées et qui, quelquefois, n'arrivent jamais. Il est, lui, comme le mandataire et le premier ouvrier de la Providence sur la terre. Dieu lui a dit : « Je te livre la terre, » soumets-la au travail de tes mains et tu en » feras sortir tous les produits nécessaires à l'hu- » manité. » Et il accomplit éternellement cette mission divine et dure à travers toutes les intempéries des saisons. Et, quand ces intempéries ont détruit ses récoltes avec ses espérances, il n'a plus de ressource, pour vivre, que ses industries accessoires, telle que l'élevage du bétail.

C'est donc un tort, Messieurs, quand on parle du cultivateur, de ne le considérer surtout que comme un fabricant de grains, et de croire avoir fait l'inventaire des produits de son travail quand on a passé en revue ses beaux blés, ses belles avoines, etc., et laissé de côté le reste, comme simple accessoire sans importance.

Si cette manière de voir qui, en Bretagne, s'est si longtemps perpétuée, y reste encore vivante sur bien des points, il faut qu'elle y prenne fin. Il faut que le monde agricole fasse entrer de plus en plus dans ses préoccupations, je dirais volontiers dans ses affections, la *branche* de l'élevage du bétail, et qu'il la considère, désormais, non plus comme l'accessoire d'une exploitation culturale, mais comme l'égale de la production des grains ; comme l'élément principal de salut pour le laboureur quand des crises prolongées, comme celle que nous avons traversée depuis plusieurs années, viennent atteindre le commerce des grains.

En effet, Messieurs, depuis que les importations des grains américains viennent librement faire, sur nos marchés, une concurrence victorieuse aux produits français, et qu'ils leur enlèvent de plus en plus les divers débouchés du grand marché anglais, qui leur étaient perpétuellement ouverts, qu'est-ce qui a soutenu le courage du laboureur français se roidissant contre le flot toujours montant de la ruine ?

Ça été, Messieurs, incontestablement, l'industrie de l'élevage du bétail.

Il a trouvé d'abord, dans l'élevage du cheval et des sujets de la race bovine, des profits très importants. Puis est venue, dans le commerce des produits de la race porcine, une activité telle que les cours ont atteint des prix qu'on avait rarement vus dans ce pays.

C'est appuyés sur ces sources de profit, Messieurs, que les agriculteurs français ont pu résister à la crise qui paralysait la vente de leurs grains. En mettant ces grains au service de l'élevage, il leur a servi comme d'un véhicule pour écouler des denrées pour lesquelles on ne rencontrait, sur les marchés, que des *offres* et pas de *demandes*.

Il est donc démontré par les faits que c'est de ce côté que doit marcher l'agriculture française, si elle veut asseoir sur une base solide l'avenir de sa prospérité. Il faut qu'elle fasse plus de *pré* et moins de *blé* comme étendue d'ensemencements. Je n'entends pas dire par là, Messieurs, que la France doit produire moins de blé *en poids* qu'elle ne le fait aujourd'hui ; je veux seulement constater que, dans ses principales régions, elle ensemence en *blé* des étendues tout à fait disproportionnées avec ses ressources en engrais. Ainsi, dans les meilleures contrées des Côtes-du-Nord, l'assolement est réglé de façon que le tiers de l'exploitation est chaque année sous récolte de blé. Que reste-t-il pour les autres grains et pour les cultures fourragères ?

Des étendues évidemment insuffisantes pour l'entretien, en bon état, d'un bétail en proportion avec l'exploitation.

Je crois, Messieurs, rester dans la vérité des faits démontrés par l'expérience, en affirmant que l'agriculture française, en diminuant les étendues soumises à la production des céréales, et en agrandissant largement celles qui seront destinées aux fourrages, arrivera à ce triple et fructueux résultat :

1º D'augmenter largement les ressources en fourrages qui permettront d'accroître, dans des mesures rationnelles, le troupeau de bétail, ce fabricant d'engrais ;

2º De doubler la production des engrais par le fait seul des ressources fourragères mises à la disposition de ce nombreux bétail ;

3º Et d'obtenir, par une fumure plus copieuse, sur *un hectare* de terre, une production en céréales presque égale à celle que produisent aujourd'hui *deux hectares* ensemencés par des cultures coûrues et mal engraissées.

Il faut bien avouer, Messieurs, que c'est à l'absence de rationalité, je⸱ dirais presque de logique, dans l'organisation des cultures et de l'économie générale d'une exploitation agricole, que nous devons de constater des rendements en blé au-dessous de 16 hectolitres à l'hectare dans des contrées d'une fertilité reconnue.

Mais, en substituant ainsi, au moyen de l'élevage, la culture *intensive concentrée,* à la culture *extensive,* la moyenne de produits à l'hectare s'élèvera largement ; les frais de *revient* de la culture, *loyer de la terre, travail d'ensemencement, travail de moisson, économie de semences,* se trouveront notablement diminués ; le bétail versera de grands profits à l'*avoir* de la caisse, et l'exploitation donnera enfin à l'agriculteur les satisfactions qu'il attend.

Retenons cet axiome toujours vrai : « Si tu veux du *blé*, fais du *pré.* »

Mais, Messieurs, en faisant entrer, par nos conseils et par nos exemples, chacun dans la mesure de notre influence, ces bonnes traditions agricoles dans les mœurs rurales, il faut apporter tous nos efforts à faire disparaître aussi les obstacles qui peuvent entraver le développement de cette industrie de l'élevage. Ils sont nombreux ; mais je me bornerai, en ce moment, à vous soumettre quelques considérations relatives à ceux que j'ai eu l'honneur de vous signaler en commençant, et qui résident dans l'application de la loi du 20 mai 1838, telle qu'elle existe aujourd'hui,

III. — Cette loi, Messieurs, eut pour but de préciser, en ce qui concerne le commerce des bestiaux, les dispositions de l'article 1641 du Code civil, ce monument de nos lois qui, à une époque déjà bien loin de nous, a réglé les *droits* et les *devoirs* d'un peuple d'une manière si prévoyante que la marche du temps, qui emporte tant de choses, ne semble pas lui imposer d'importantes modifications.

Cet article est ainsi conçu :

« Le vendeur est tenu de la garantie à raison
» des défauts cachés de la chose vendue, qui la
» rendent impropre à l'usage auquel on la destine,
» ou qui diminuent tellement cet usage, que l'ache-
» teur ne l'aurait pas acquise, ou n'en aurait donné
» qu'un moindre prix s'il les avait connus. »

Cet article ayant posé un principe général de garantie à la charge du *vendeur* envers l'*acheteur*, a embrassé, dans ses dispositions, aussi bien les choses mobilières que les biens immobiliers. Or, tous les animaux appartiennent à la classe des *choses mobilières* et tombent sous l'application des dispositions de l'article 1641.

Cependant ces dispositions, limitant cette garantie légale *aux défauts cachés* de la chose vendue, le vendeur n'a pas à répondre des *vices* ou *défauts* apparents. Il en est, du reste, formellement dispensé par l'article 1462 du même Code, ainsi conçu :

« Le vendeur n'est pas tenu des vices apparents
» et dont l'acheteur a pu se convaincre lui-
» même. »

Voilà, Messieurs, quelle a été la législation réglant le commerce des bestiaux jusqu'au 20 mai 1838.

Mais quels étaient, chez les divers animaux, les défauts ayant le caractère de *défauts cachés?* Dans quel délai l'action en garantie de l'*acquéreur* contre le *vendeur* devait-elle être intentée? Rien ne le disait, et la loi était muette à cet égard. Aussi, quand un procès s'engageait sur une telle action, le Juge se trouvait-il dans l'obligation de chercher dans le droit *romain* et dans le vieux droit *coutumier* de la France les lumières capables de l'éclairer dans sa décision.

Il résultait de cette obscurité de notre législation une lenteur ruineuse dans la solution des moindres procès ; une jurisprudence confuse et contradictoire où le juge, se constituant législateur, inscrivait les décisions de sa conscience, à défaut des décisions de la loi ; enfin, d'inextricables difficultés.

Devant un tel état de choses, le commerce du bétail, surtout celui des chevaux, était périlleux pour l'*éleveur* et pour l'*acheteur*, aussi incertains l'un que l'autre de leurs droits. Heureusement qu'à cette époque le commerce du bétail était loin d'avoir l'activité qui se révéla de plus en plus, et qui commanda une amélioration.

En 1838, les Pouvoirs publics, assaillis par les supplications du monde agricole, prêtèrent à sa voix une attention bienveillante, et ils s'empressèrent de donner à l'article 1641 du Code les dispositions complémentaires qu'il exigeait, et qui firent l'objet de la loi du 20 mai.

Cette loi, Messieurs, consacra deux importantes améliorations, à savoir :

1° La *nomenclature* des seuls *vices* ou *défauts* qui, ayant le caractère de *défauts cachés* de la chose vendue, tomberaient *seuls*, désormais, sous l'application de l'article 1641 ; la science vétérinaire se trouvait alors en mesure de les indiquer d'une manière précise aux législateurs ;

2° Et la fixation du délai pendant lequel subsisterait la responsabilité du vendeur, et pendant lequel pourrait s'exercer l'action en garantie de l'acheteur.

C'était là, évidemment, apporter la lumière où régnait l'obscurité et donner à la conscience du juge un soulagement nécessaire en lui offrant un texte précis qu'il n'avait plus qu'à bien appliquer.

Le monde de l'élevage recevait aussi satisfaction et le commerce du bétail se trouvait libéré du principal obstacle qui eût retardé son développement.

Mais l'esprit de fraude et de supercherie ne tarda pas à remplacer, par ses embûches, les entraves que la loi avait eu pour but de détruire. Elles furent d'une autre nature, mais elles furent plus graves que les premières.

En effet, quand la loi eut défini les vices cachés qui donneraient, désormais, lieu à la responsabilité du *vendeur* et fixé la durée de cette responsabilité, le commerce déloyal se trouva plus à l'aise pour organiser ses moyens frauduleux, n'ayant plus à s'occuper que des vices cachés, appelés depuis vices redhibitoires, nommément désignés par cette loi. Il comprit qu'après avoir acheté un cheval, par exemple, il suffirait de connaître quelque moyen de lui donner, par des traitements à découvrir, les symptômes de la maladie prévue par la loi, et dans les délais qu'elle prescrit, pour motiver, contre le vendeur, un recours en résolution de vente, quand même le cheval eût été sain lors de l'achat.

IV. — C'est à trouver ces moyens, Messieurs, de faire d'un sujet *sain* un sujet *malade* que s'exerça l'esprit de fraude et d'avidité.

Mais comment ?

Deux des défauts cachés, prévus par la loi, donnèrent surtout lieu à cette supercherie ; c'étaient :

1° La fluxion périodique des yeux pour les chevaux ;

2° Et l'épilepsie ou *mal caduc* pour les mêmes animaux.

En effet, par son article 3, la loi du 20 mai 1838 fixait à 30 jours le délai du recours de l'acheteur contre son vendeur pour raison de ces deux vices cachés, et, de plus, un jour supplémentaire par cinq myriamètres de distance, tandis qu'elle n'accordait qu'un délai de 9 jours pour les autres vices redhibitoires. Et ces délais ne couraient que du lendemain de la livraison.

Or, avoir un mois devant soi pour conduire au loin un cheval acheté en Bretagne, par exemple, c'était posséder le moyen de le soustraire à tout contrôle du vendeur et avoir tout le temps nécessaire pour essayer, sur lui, les traitements capables de produire les symptômes d'une fausse maladie.

C'était aussi acquérir, en apparence, le droit de réclamer au *vendeur l'annulation* de la vente. Car, par son article 2, la loi de 1838 *abroge* l'article

1644 du Code civil, qui donnait à l'acheteur le droit de conserver la chose en se faisant rendre une partie du prix, et ne lui *accorde* plus que l'action résolutoire de la vente. Il doit *rendre* la chose, et le vendeur doit lui *rendre* le prix.

Mais, est-ce qu'en pratique les choses peuvent se passer ainsi ?

Est-ce qu'un fermier *breton*, qui a vendu un cheval le 1ᵉʳ avril, par exemple, et qui reçoit sommation le 25 du même mois, d'un *second* ou troisième sous-acquéreur, d'avoir à venir reprendre son cheval à *Carpentras*, peut s'aventurer à faire le voyage pour ramener chez lui un animal dont la valeur serait plus qu'absorbée par le voyage ?

Evidemment non !

Comme l'action, s'il y a eu revente, sera portée, non devant ses juges naturels, mais devant le tribunal du domicile du sous-acheteur, s'il y a constatation régulière des apparences du vice ; comme il sera tenu de constituer, à cette distance de sa demeure, des défenseurs qu'il ne connaît pas ; comme il peut succomber dans sa résistance, malgré sa certitude que son cheval était exempt de tous *défauts* lors de la vente, et avoir à supporter à la fois les *frais* du procès, la restitution du *prix* et les dépenses du retour du cheval et de son voyage, quatre-vingt-dix fois sur cent le pauvre éleveur prend une résolution héroïque, transige avec son *acheteur* et lui restitue la majeure partie du prix de son cheval qui, quelques semaines après, se trouve aussi sain qu'il l'était chez lui. Mais le tour est joué !

Il est même arrivé souvent que, quand le vendeur, convaincu du chantage exercé contre lui, et en ayant les moyens, s'est déterminé à franchir la distance et à visiter le cheval en litige, il a constaté une criminelle substitution, et que le cheval attesté vicieux par l'homme de l'art, quoi qu'ayant quelque apparence de robe du cheval vendu, sur lequel s'engageait l'action, n'était pas le sien !

Comment, sans ce ruineux déplacement, démasquer une telle fraude à cent lieues de distance ?

Le commerce déloyal du cheval n'a même plus besoin, aujourd'hui, de constatation préalable de l'homme de l'art. L'éleveur est tellement tremblant, pendant les délais de la loi, sur le sort qui l'attend, qu'il suffit à l'acheteur, rendu avec le cheval à ces distances éloignées, de lui envoyer, dans les derniers jours du délai, une menace de résolution de la vente pour *vice caché*, par dépêche télégraphique, moyen saisissant, avec proposition de transaction, pour que, immédiatement, cet acheteur malhonnête reçoive le remboursement de la majeure partie du prix du cheval. Le pauvre fermier a repris, chez son maître, cette somme qu'il lui avait remise en paiement de son fermage, et dont la perte va plonger dans la gêne une famille laborieuse. Mais il n'a pas le moyen d'aller vérifier les faits.

C'est navrant !

V. — Il y a dans cette situation, Messieurs, une cause de découragement et de tourments pour le monde des éleveurs que les Pouvoirs publics, protecteurs du travail national, doivent s'attacher à faire disparaître.

Mais, par quels moyens ?

Evidemment par la réforme et l'amélioration de la loi, si unanimement sollicitées, comme je le disais tout à l'heure, par tout le monde agricole.

Sur quelles bases ?

Ici, Messieurs, si les systèmes diffèrent sur des points accessoires, ils sont parfaitement d'accord pour demander, non d'*empêcher* l'acheteur malhonnête d'appliquer à l'animal qui lui est livré les manœuvres abusives dont il espère tirer grand profit, mais de mettre à la disposition de l'éleveur les moyens de se défendre sans encourir la ruine.

Ces moyens consisteront dans les modifications suivantes à la loi :

1º La nomenclature ou désignation précise des *vices rédhibitoires* contenus dans la loi, devra être maintenue, sauf le *tic* et la *pousse*, qui devront en être retranchés, la science ne les classant pas dans la catégorie des vices ayant le caractère de *vices cachés;*

2º Le délai, pour exercer l'action en garantie, devra être fixé à neuf jours, pour tous les cas, à partir du jour de la livraison ;

3º Si l'animal a été, dans le délai, conduit hors du ressort du tribunal du vendeur, ce délai sera augmenté, pour intenter l'action, d'un jour par douze myriamètres de distance du domicile du vendeur au lieu où se trouve l'animal. Cette modification est commandée par la facilité que donnent aujourd'hui les chemins de fer de transporter les bestiaux, dans quelques jours, à des distances considérables des lieux d'achat ;

4º Si l'animal a été revendu par le premier acquéreur, le détenteur qui intentera l'action devra porter sa demande en rédhibition devant le tribunal du domicile du premier vendeur, qu'il n'est pas juste de priver de ses juges naturels, parce qu'il aura plu à son acheteur, pour déplacer les juridictions, de consentir une vente de l'animal en litige à un complice;

5° Quand l'acquéreur voudra intenter l'action, soit qu'il tienne l'animal de première ou de seconde main, il devra, avant de faire aucun acte de constatation officielle du vice ou acte de procédure, déposer l'animal en *fourrière*, dans le lieu qui lui sera désigné d'office par le Juge de Paix du canton où se trouve l'animal, sur la demande qu'il devra lui faire. Dans le cas où un acte quelconque de constatation ou de procédure aura été fait à sa requête avant ce dépôt, il se trouvera déchu, par ce seul fait, du droit de recours en garantie contre le vendeur;

6° Dans tous les cas, quand l'action aura été engagée devant le tribunal du vendeur, ce dernier aura le droit d'exiger que, pendant l'instance, l'animal soit reconduit dans la ville où siège le tribunal pour que la constatation, par la science, soit contradictoire. Cette conduite sera faite par l'acheteur, et sous sa surveillance, aux frais de la partie qui succombera dans l'instance. L'acheteur, en reconduisant l'animal, n'encourra d'autre responsabilité que celle de ses faits personnels, et la perte ou les accidents fortuits qui lui arriveraient pendant le voyage, seront réparés par ceux qui les auront occasionnés, sur la poursuite de l'acheteur;

7° Enfin, quand le vendeur, qui n'ignorerait pas les vices cachés de l'animal qu'il vend, aura obtenu de son acheteur, une dispense de garantie de *tous vices* rédhibitoires, quelle qu'en soit la forme, ce dernier sera déchu de tous droits de recours contre son vendeur, contrairement à l'article 1643 du Code civil dont je vais parler.

Voilà des points, Messieurs, sur lesquels tout le monde est d'accord.

VI. — Dans la situation actuelle de la législation, où l'*acheteur* du bétail, une fois en possession de la chose vendue, a le droit de la conduire là où bon lui semble ; de la présenter sur les divers marchés pour en tirer profit, et de la traiter à sa guise pendant le long délai que la loi lui accorde et qui plane sur la tête du vendeur comme une épée de Damoclès, sans autre obligation que de sommer ce pauvre *vendeur* d'aller reprendre l'animal ; quand il a trouvé un moyen quelconque de menace, cet *acheteur* est nanti de *droits* sans *devoirs*.

Or, après l'amélioration de la loi, il y aura, entre les parties, des *droits* et des *devoirs* réciproques. C'est l'application simple du principe de l'*égalité dès citoyens devant la loi*, sans lequel l'image de la justice disparaîtrait des grandes traditions judiciaires de la France pour faire place à *l'arbitraire et au bon plaisir !*

J'ai donc la conscience, Messieurs, qu'en plaidant la cause des éleveurs français et demandant la réformation d'une loi qui les touche de si près, sur les bases que je viens d'avoir l'honneur d'exposer devant vous, je plaide une cause juste et patriotique.

Il est *juste*, en effet, que le premier vendeur ne soit pas distrait de ses juges naturels et contraint d'aller porter la défense de ses droits devant le tribunal qu'il plaît aujourd'hui à son acheteur de lui imposer par pur caprice.

Il est *juste* qu'en présence de la multiplicité des voies ferrées et de la célérité des *transports*, les délais légaux soient tous fixés à neuf jours, à partir du lendemain de la livraison, et que le délai supplémentaire de procédure soit ramené à un jour par douze myriamètres.

Il est *juste* que l'*acheteur* qui se prétend en droit de rendre à son *vendeur* l'objet de l'achat, soit tenu, avant d'accomplir aucun acte de constatation officielle ou de procédure, de déposer l'animal en fourrière, non plus suivant sa volonté, mais là où il sera indiqué par le magistrat cantonal. — Puisqu'il y a revendication du prix de vente, qu'elle soit bien ou mal fondée, il est de toute équité que cet *acheteur*, avant de mettre la main à la plume pour lancer la menace et l'inquiétude dans la famille de l'*éleveur*, se dessaisisse de l'animal en le plaçant en fourrière, afin d'être placé, pendant l'action, sur un terrain semblable à celui où se trouve son vendeur, et que cet animal ne se trouve plus en possession de l'*un* ni de l'*autre*.

Il est *juste* d'accorder au *vendeur*, une fois l'instance engagée, le droit d'exiger le retour de l'animal dans la ville même où siège le tribunal. Il faut que la constatation du vice soit contradictoire. Le vendeur, sans doute, ne peut pas suspecter, en principe, la science de l'homme de l'art, qu'il ne connaît pas, et qui a fait, en son absence, la première constatation du vice ; mais, dans la fermeté de sa conviction que son animal est sain, il peut penser que le vétérinaire a été trompé par super-cherie, et il a droit d'exiger que la contre-vérification s'opère sous les yeux du tribunal appelé à décider.

N'a-t-on pas vu, Messieurs, des chevaux traînés de foire en foire pendant les délais de garantie; puis, dans les derniers jours, privés volontaire-ment de *repos*, de *sommeil* et de *nourriture*, donner à l'inspection tous les symptômes de la *fluxion périodique des yeux* par le trouble nécessaire que ces mauvais traitements occasionnent?

Du reste, les frais de *retour*, entrant dans ceux de l'instance, c'est la partie qui succombe qui les paie, et personne ne peut se plaindre, sinon l'*acheteur* déloyal dont ce retour dérangerait les calculs; car un cheval ainsi maltraité, une fois mis en fourrière et bien alimenté, revient vite de son indis-position factice et devient le principal témoin des manœuvres.

VII. — Mais si cette cause des éleveurs est une cause *juste*, j'ai eu le droit de dire qu'elle est aussi *patriotique*.

Ce sont les éleveurs de chevaux, Messieurs, qui, par leur compétence dans le choix des sujets, par leurs soins assidus, par des exercices propres au développement des aptitudes, par des croise-ments de races bien raisonnés, conservent à la France cette immense population chevaline si né-cessaire pour alimenter les besoins de l'armée na-tionale quand la destinée l'appelle à la défense de la patrie.

L'élevage du cheval doit donc être largement encouragé. Et la vulgarisation de cet encouragement, Messieurs, manque d'énergie dans nos campagnes et doit y être prise en plus sérieuse considération. Mais je ne m'étendrai pas sur cette question, qui touche à celle des Haras, et qui demanderait, en ce moment, trop de développement.

Je terminerai, Messieurs, en vous signalant un *système* plus *radical* de réformation de la loi de 1838. Ce serait de supprimer toute garantie des vices cachés, de la part de *vendeur* envers l'*acheteur,* et de les placer l'*un* et l'*autre* sur le terrain des engagements conventionnels. Que les vices cachés fussent connus ou non du *vendeur,* il ne serait tenu d'autre garantie, envers l'*acheteur,* que de celle qu'il aurait acceptée par la convention passée au moment de la vente, soit par *écrit,* soit *verbalement,* en présence de deux témoins, dont l'affirmation ferait foi et serait admise quel que fût le montant du prix de vente.

Cette réforme simplifierait singulièrement la loi dont elle ne maintiendrait que la *nomenclature* des vices cachés, et les *délais* de l'action pour servir de base aux conventions de garantie arrêtée entre les parties.

A première vue ce système paraît acceptable ; et, en émancipant les parties par ces transactions, de toute tutelle de la loi, puisque leur convention serait leur seule loi, il semble ramener le commerce du bétail au principe de la *liberté* des transactions qui ne doit pas être entravé quand il ne porte pas préjudice à l'intérêt public.

Cependant, Messieurs, on craint qu'en acceptant

de placer cet important commerce, dont les transactions sont si précipitées et si nombreuses dans les foires, sous une législation dépourvue de toute obligation de *garantie légale,* on en paralyse le mouvement et l'activité, soit que les acheteurs ne puissent jamais obtenir des vendeurs la *garantie* conventionnelle, soit, qu'en renonçant à l'exiger, ils reconnaissent qu'ils sont, à leur tour, la dupe des éleveurs.

Il semble donc qu'il y a lieu de maintenir la garantie légale, en réglant son exercice d'une manière juste et rationnelle.

VIII. — Un troisième système, Messieurs, consiste à laisser la loi vivre, et à se soustraire à ses prescriptions par coalition. Ce système est né du découragement des éleveurs de solliciter, sans cesse, une amélioration que, jusqu'à ce jour, ils n'ont pu obtenir. En désespoir de cause ils se sont entendus pour ne plus vendre de chevaux, par exemple, sans exiger de l'acheteur une décharge écrite de toute garantie de vice rédhibitoire. Et cette entente, qui paraît peu praticable, s'est réellement affirmée dans la basse Bretagne. Dans chaque foire de ces contrées le marchand acheteur reçoit de tout vendeur la même réponse : pas de *décharge* pas de *vente !*

Pendant longtemps cette manière d'éluder la loi a été pratiquée, et acceptée par les acheteurs. Ils avaient ignoré, sans doute, les dispositions de l'article 1643 du Code civil, ainsi conçu :

« Le vendeur est tenu des vices cachés quand » même il ne les aurait pas *connus,* à moins que,

» *dans ce cas*, il n'ait stipulé qu'il ne sera obligé à
» aucune garantie. »

Comme on le voit, cette disposition du Code ne
reconnaît de valeur à la *décharge* de garantie que
dans le cas où le vendeur n'aurait pas connu le *vice
caché*. Dans le cas où l'*acheteur* pourrait établir
que ce *vendeur* connaissait ce vice, la *décharge* de
garantie qu'il lui a donnée et signée est *nulle*, et la
responsabilité du vendeur reste entière.

Cette doctrine est généralement ignorée.

La loi considère que le *vendeur*, en dissimulant
à son *acheteur* le vice caché qu'il connaissait, a
commis un acte qui a le caractère de dol, de trom-
perie sur la marchandise vendue; que ce caractère
vicie la convention et l'annule. Mais c'est à l'acheteur à prouver que son vendeur avait cette con-
naissance et l'a trompé. Et cette preuve lui sera
toujours difficile à obtenir.

Il n'en est pas moins certain que ce *billet de
décharge*, qui était un bouclier contre la mauvaise
foi des acheteurs, dans la situation actuelle, peut
être *inutile* au vendeur qui trompe sciemment son
acheteur, mais reste *valable* pour celui qui ne
craint pas que pareille culpabilité puisse être relevée
contre lui, pourvu que la convention de décharge
soit conforme à la loi dans sa formule contractuelle.

Il est encore peu de cas où des procès se soient
engagés sur demandes de telles annulations. Le
marchand respecte généralement sa signature. Mais
les dispositions de cet article 1643 sont, pour
l'*acheteur*, un moyen de menaces qui, malgré la
décharge donnée, réussit très souvent à le faire
rentrer dans une partie du prix payé.

Il est bon, Messieurs, que les *cultivateurs*, qui n'ont pas d'autre ressource aujourd'hui, contre la fraude et la supercherie qui s'exercent dans le commerce des chevaux, que la *convention de décharge de garantie* consentie par l'*acheteur*, sachent quelle en est la valeur légale.

Et, jusqu'à ce que les supplications du monde agricole n'aient obtenu, des Pouvoirs publics, les améliorations légales qu'il réclame, nous devons, chacun dans notre sphère d'action et d'influence, encourager l'éleveur honnête et sûr de la parfaite pureté de son produit, à ne rien vendre sans exiger la décharge de toute garantie des vices rédhibitoires. C'est sa sécurité qu'il assure; c'est souvent la ruine qu'il évite.

Il faut, cependant, espérer, Messieurs, que nos législateurs qui, sous l'Empire, dans la préparation du Code rural, si malheureusement resté en chemin depuis douze années, avaient compris, dans leurs travaux d'amélioration et de progrès, la grave question des vices rédhibitoires, ne tarderont plus à rendre aux populations rurales la justice, qu'à cet égard, ils lui doivent.

Je soumets, Messieurs, à vos réflexions et aux lumières de votre expérience agricole, ces considérations, sans vous demander d'en *approuver* ou *rejeter* les conclusions par un vœu.

Dans ces graves questions, il faut laisser aux Pouvoirs publics toute latitude pour formuler euxmêmes les dispositions réformatrices de la loi, et nous borner à appuyer celles que nous leur signalons, par des considérations propres à les éclairer sur la nature des besoins qu'ils ont à satisfaire.

Je termine donc, Messieurs, en vous priant de vous *associer*, et d'user de votre influence pour *associer* les agriculteurs de vos contrées, aux considérations que j'ai eu l'honneur de développer devant vous. Et, en obtenant de ces agriculteurs, et de chaque association agricole, dont vous pouvez faire partie, une *adhésion* à ces réformes, vous aurez la conscience d'avoir concouru, quel que soit le résultat des efforts communs, au triomphe d'une cause éminemment nationale.

KERSANTÉ

www.ingramcontent.com/pod-product-compliance
Ingram Content Group UK Ltd.
Pitfield, Milton Keynes, MK11 3LW, UK
UKHW020915140726
13695UKWH00006B/2539

9 782019 277222